okul
koulu

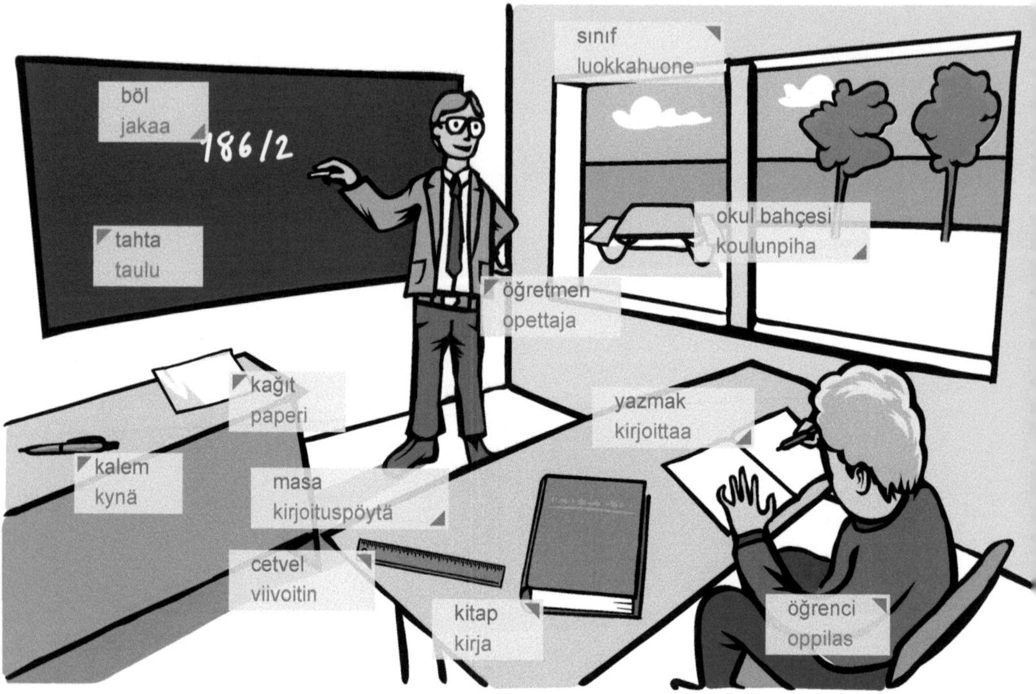

sınıf
luokkahuone
böl
jakaa
186/2
tahta
taulu
okul bahçesi
koulunpiha
öğretmen
opettaja
kağıt
paperi
yazmak
kirjoittaa
kalem
kynä
masa
kirjoituspöytä
cetvel
viivoitin
kitap
kirja
öğrenci
oppilas

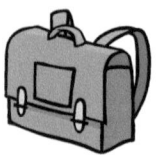

okul çantası

reppu

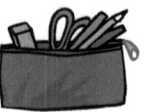

kalemlik

penaali

kurşun kalem

lyijykynä

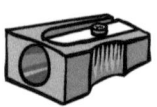

kalem açacağı

kynänteroitin

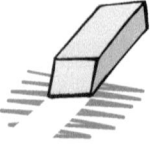

silgi

pyyhekumi

çizim defteri

piirustuslehtiö

çizim
piirustus

resim fırçası
pensseli

boya kutusu
vesivärit

makas
sakset

tutkal
liima

alıştırma kitabı
harjoituskirja

ödev
kotitehtävä

12

sayı
luku

2+2

ekle
lisätä

5-2

çıkar
vähentää

2×2

çarp
kertoa

hesapla
laskea

A

harf
kirjain

ABCDEFG
HIJKLMN
OPQRSTU
VWXYZ

alfabe
aakkoset

hello

kelime
sana

metin

teksti

okumak

lukea

tebeşir

liitu

ders

oppitunti

kayıt

opettajan muistikirja

sınav

koe

sertifika

todistus

okul forması

koulupuku

eğitim

koulutus

ansiklopedi

sanakirja

üniversite

yliopisto

mikroskop

mikroskooppi

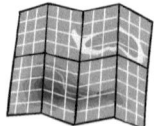

harita

kartta

kağıt çöp kutusu

roskakori

seyahat
matka

otel
hotelli
Grand
pansiyon
retkeilymaja
ROOMS
döviz bürosu
rahanvaihto
EXCHANGE
bavul
matkalaukku
otomobil
auto

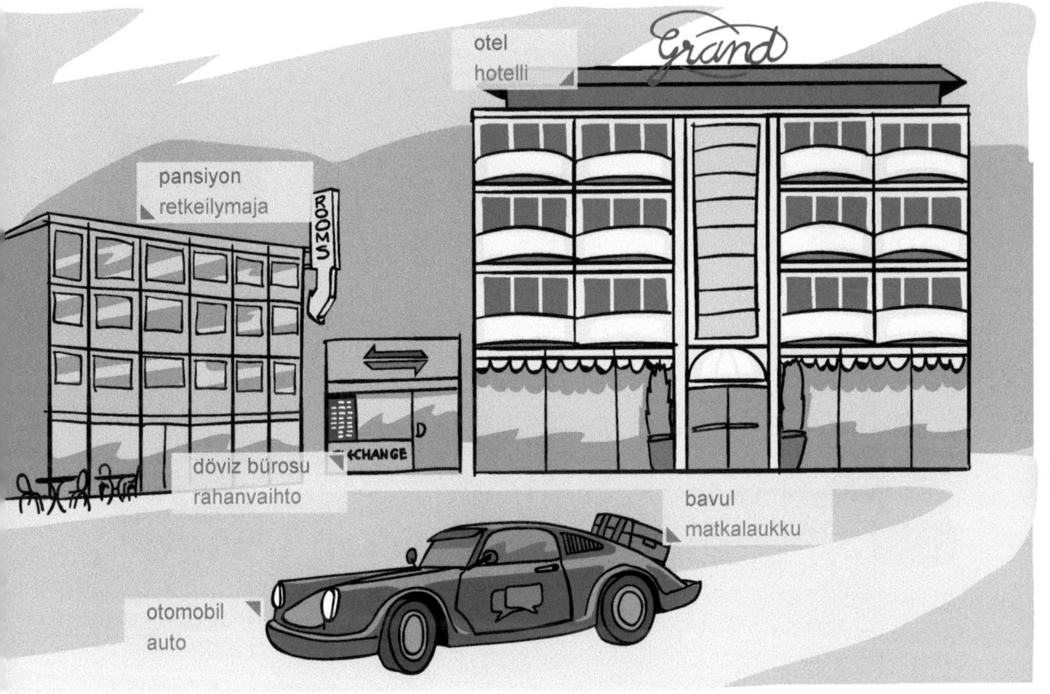

dil
kieli

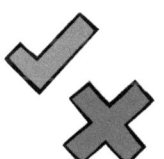

evet / hayır
kyllä / ei

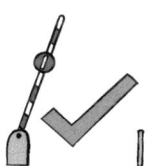

Tamam
selvä

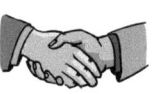

merhaba
hei

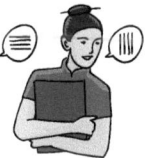

çevirmen
tulkki

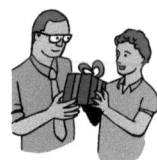

Teşekkür ederim
kiitos

bu ... ne kadar?

Paljonko...maksaa?

anlamadım

en ymmärrä

problem

ongelma

İyi akşamlar!

Hyvää iltaa!

Günaydın!

Hyvää huomenta!

İyi geceler!

Hyvää yötä!

güle güle

näkemiin

yön

suunta

bagaj

matkatavarat

çanta

laukku

sırt çantası

reppu

misafir

vieras

oda

huone

uyku tulumu

makuupussi

çadır

teltta

turist danışma

turisti-info

sahil

ranta

kredi kartı

luottokortti

kahvaltı

aamupala

öğle yemeği

lounas

akşam yemeği

päivällinen

Bilet

matkalippu

asansör

hissi

pul

postimerkki

sınır

raja

gümrük

tulli

elçilik

suurlähetystö

vize

viisumi

pasaport

passi

ulaşım
kuljetus

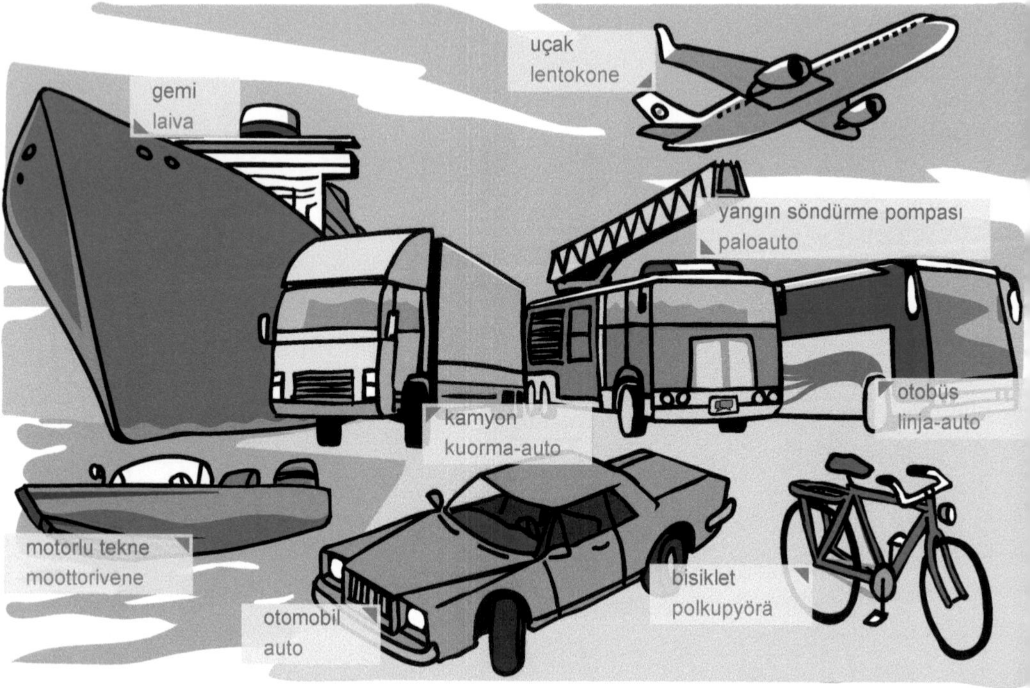
uçak
lentokone
gemi
laiva
yangın söndürme pompası
paloauto
otobüs
linja-auto
kamyon
kuorma-auto
motorlu tekne
moottorivene
bisiklet
polkupyörä
otomobil
auto

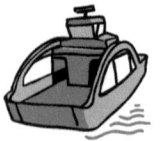

feribot

lautta

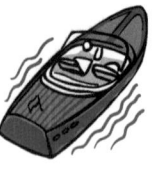

bot

vene

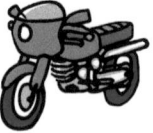

motosiklet

moottoripyörä

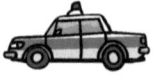

polis arabası

poliisiauto

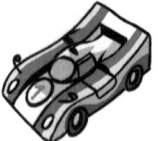

yarış arabası

kilpa-auto

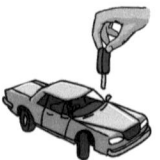

kiralık araba

vuokra-auto

ortak araba
car sharing

çekici
hinausauto

çöp kamyonu
roska-auto

motor
moottori

yakıt
polttoaine

benzinlik
huoltoasema

trafik işareti
liikennemerkki

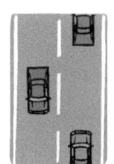

trafik
liikenne

trafik sıkışıklığı
ruuhka

otopark
parkkipaikka

tren istasyonu
rautatieasema

ray
raiteet

tren
juna

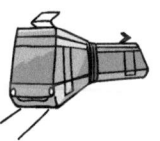

tramvay
raitiovaunu

vagon
vaunu

helikopter

helikopteri

havaalanı

lentokenttä

kule

lähilennonjohto

yolcu

matkustaja

konteyner

kontti

koli

pahvilaatikko

yük arabası

kärryt

sepet

kori

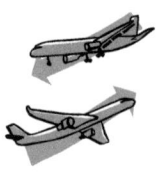

kalkış / iniş

nousta / laskea

şehir
kaupunki

köy

kylä

şehir merkezi

keskusta

ev

talo

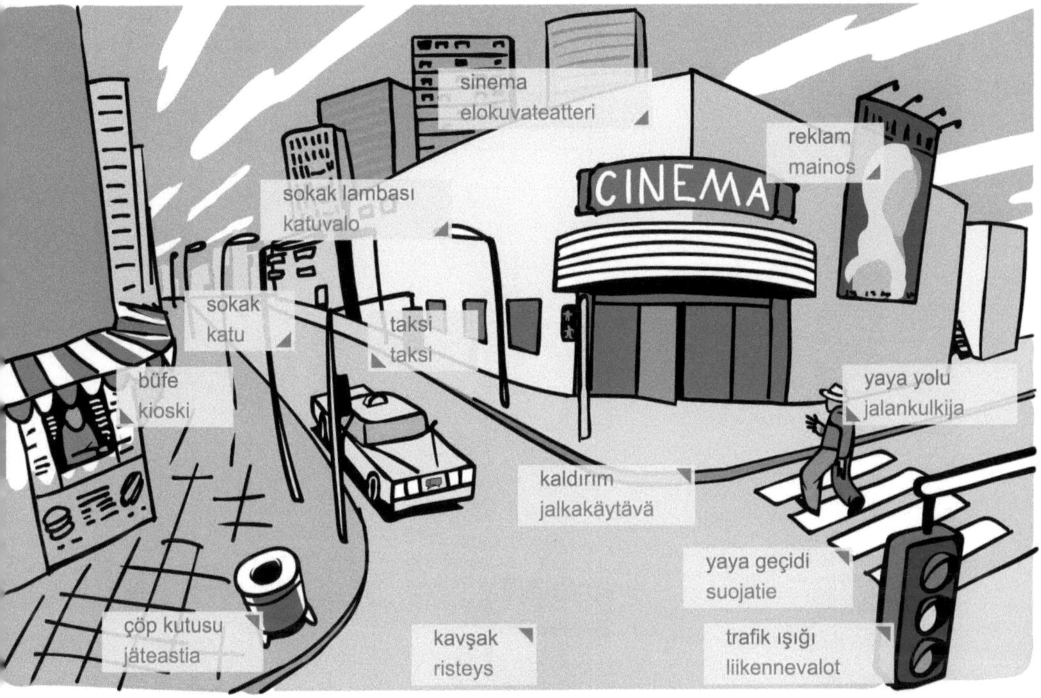

sinema
elokuvateatteri

reklam
mainos

sokak lambası
katuvalo

CINEMA

sokak
katu

taksi
taksi

büfe
kioski

yaya yolu
jalankulkija

kaldırım
jalkakäytävä

yaya geçidi
suojatie

çöp kutusu
jäteastia

kavşak
risteys

trafik ışığı
liikennevalot

kulübe
mökki

apartman dairesi
kerrostalo

tren istasyonu
rautatieasema

belediye binası
kaupungintalo

müze
museo

okul
koulu

şehir - kaupunki

üniversite
yliopisto

banka
pankki

hastane
sairaala

otel
hotelli

eczane
apteekki

ofis
toimisto

kitapçı
kirjakauppa

mağaza
liike

çiçekçi
kukkakauppa

süpermarket
supermarketti

market
tori

büyük mağaza
tavaratalo

balık satıcısı
kalakauppias

alışveriş merkezi
ostoskeskus

liman
satama

park
puisto

bank
penkki

köprü
silta

merdiven
portaat

metro
metro

tünel
tunneli

otobüs durağı
linja-autopysäkki

bar
baari

restoran
ravintola

posta kutusu
postilaatikko

sokak tabelası
katukyltti

otopark sayacı
parkkimittari

hayvanat bahçesi
eläintarha

yüzme havuzu
uimala

cami
moskeija

çiftlik
....
maatila

kirlilik
....
ympäristön saastuminen

mezarlık
....
hautausmaa

kilise
....
kirkko

oyun alanı
....
leikkikenttä

tapınak
....
temppeli

arazi
maisema

yaprak
lehti

yön tabelası
tienviitta

yol
tie

çayır
niitty

taş
kivi

yürüyüşçü
retkeilijä

ağaç
puu

ırmak
joki

çimen
ruoho

çiçek
kukka

vadi

laakso

tepe

vuori

göl

järvi

orman

metsä

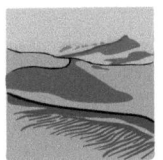

çöl

aavikko

volkan

tulivuori

kale

linna

gökkuşağı

sateenkaari

mantar

sieni

palmiye

palmu

sivrisinek

hyttynen

sinek

kärpänen

karınca

muurahainen

arı

mehiläinen

örümcek

hämähäkki

böcek

kovakuoriainen

kurbağa

sammakko

sincap

orava

kirpi

siili

yabani tavşan

jänis

baykuş

pöllö

kuş

lintu

kuğu

joutsen

yaban domuzu

villisika

geyik

peura

geyik

hirvi

baraj

pato

rüzgar türbini

tuulimylly

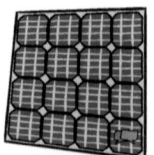

güneş paneli

aurinkopaneeli

iklim

ilmasto

arazi - maisema

restoran
ravintola

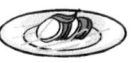

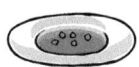

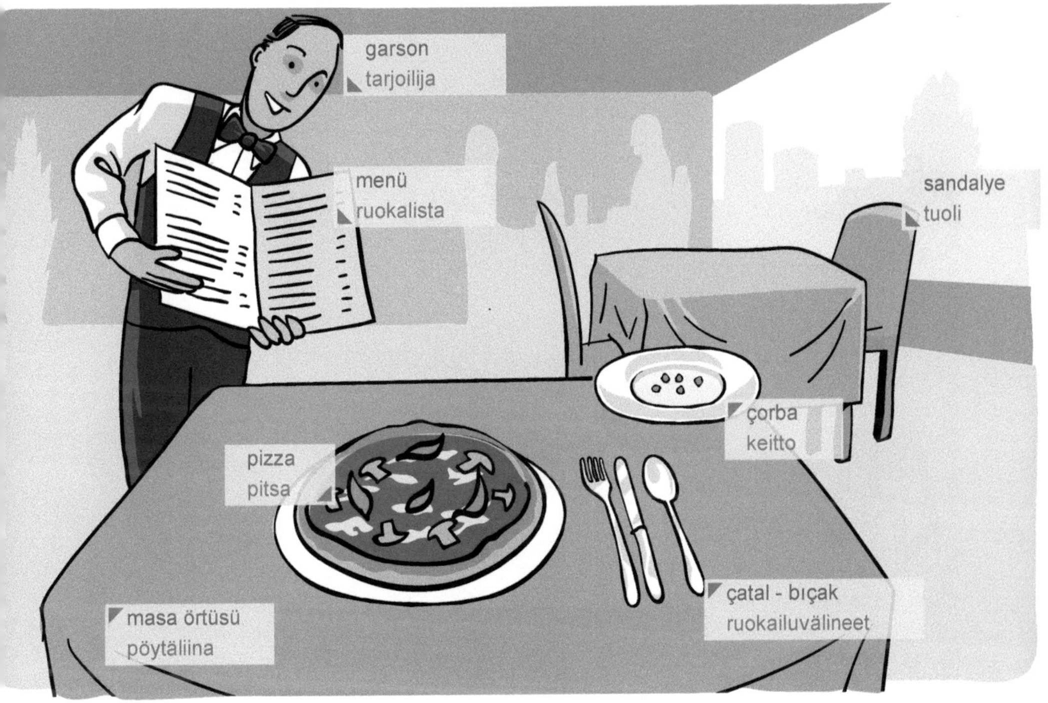
garson
tarjoilija
menü
ruokalista
sandalye
tuoli
çorba
keitto
pizza
pitsa
çatal - bıçak
ruokailuvälineet
masa örtüsü
pöytäliina

başlangıç

alkuruoka

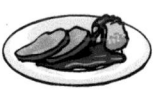

ana yemek

pääruoka

tatlı

jälkiruoka

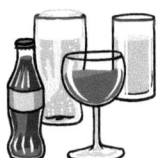

içecekler

juomat

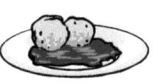

yemek

ruoka

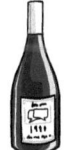

şişe

pullo

fastfood

pikaruoka

sokak yemeği

katuruoka

çaydanlık

teekannu

şekerlik

sokeriastia

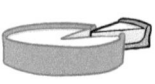

porsiyon

annos

espresso makinesi

espressokeitin

mama sandalyesi

syöttötuoli

fatura

lasku

tepsi

tarjotin

bıçak

veitsi

çatal

haarukka

kaşık

lusikka

çay kaşığı

teelusikka

servis peçetesi

servietti

bardak

lasi

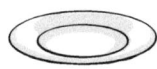

tabak
lautanen

çorba kasesi
syvä lautanen

fincan altlığı
aluslautanen

sos
kastike

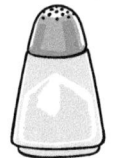

tuzluk
suolasirotin

karabiber değirmeni
pippurimylly

sirke
etikka

yağ
öljy

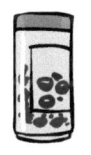

baharat
mausteet

ketçap
ketsuppi

hardal
sinappi

mayonez
majoneesi

süpermarket
supermarketti

özel teklif
tarjous
FOR
müşteri
asiakas
süt ürünleri
maitotuotteet
meyve
hedelmät
alışveriş arabası
ostoskärryt

BUTCHERS

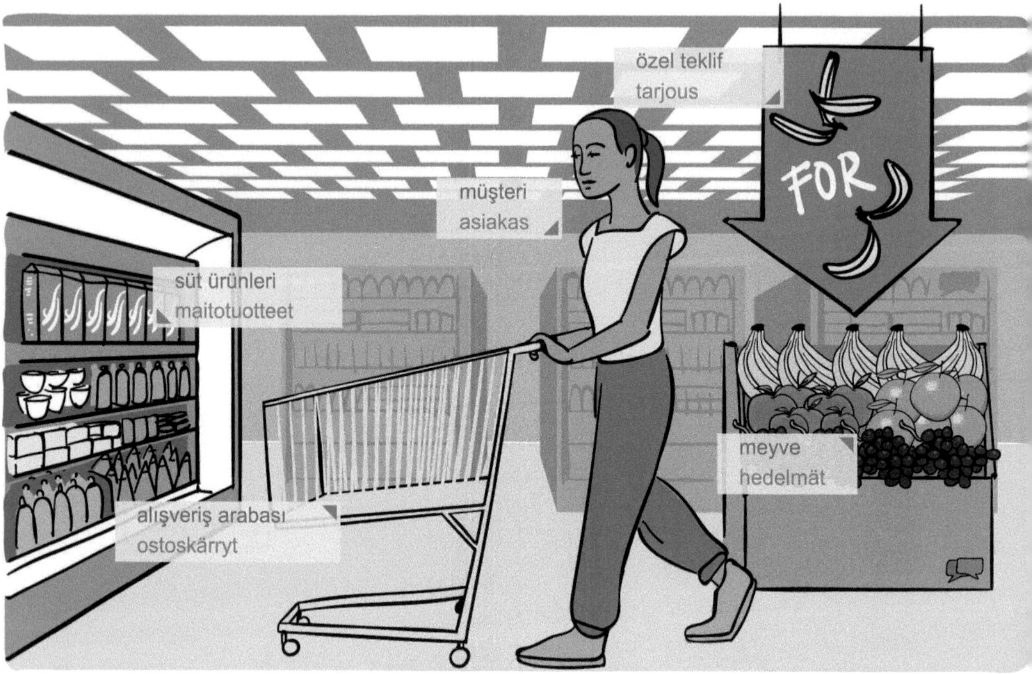

kasap

teurastamo

BAKERY

fırın

leipomo

tartmak

punnita

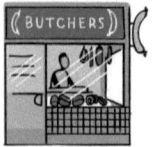

sebze

kasvikset

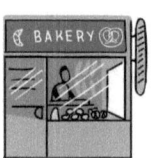

et

liha

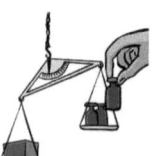

donmuş gıda

pakasteet

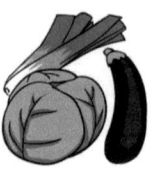

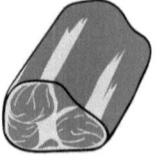

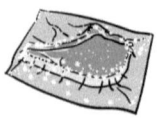

söğüş et

leikkele

konserve yiyecek

säilykkeet

toz deterjan

pesujauhe

şekerlemeler

makeiset

ev temizlik ürünleri

kotitaloustarvikkeet

temizlik ürünleri

puhdistusaineet

satış görevlisi

myyjä

yazar kasa

kassa

kasiyer

kassanhoitaja

alışveriş listesi

ostoslista

açılış saatleri

aukioloajat

cüzdan

lompakko

kredi kartı

luottokortti

çanta

kassi

plastik poşet

muovipussi

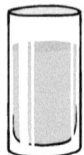

su

vesi

meyve suyu

mehu

süt

maito

kola

kokis

şarap

viini

bira

olut

alkol

alkoholi

kakao

kaakao

çay

tee

kahve

kahvi

espresso

espresso

kapuçino

cappuccino

muz

banaani

elma

omena

portakal

appelsiini

kavun

meloni

limon

sitruuna

havuç

porkkana

sarımsak

valkosipuli

bambu

bambu

soğan

sipuli

mantar

sieni

çerez

pähkinät

makarna

spagetti

spagetti

spagetti

pirinç

riisi

salata

salaatti

cips

ranskalaiset

patates kızartması

paistetut perunat

pizza

pitsa

hamburger

hampurilainen

sandviç

voileipä

şinitzel

leike

pastırma

kinkku

salam

salami

sosis

makkara

tavuk

kana

rosto

paisti

balık

kala

yulaf ezmesi

kaurahiutaleet

müsli

mysli

mısır gevreği

murot

un

jauho

kruvasan

voisarvi

küçük ekmek

sämpylä

ekmek

leipä

tost

paahtoleipä

bisküvi

keksit

tereyağı

voi

kaymak

rahka

kek

kakku

yumurta

kananmuna

sahanda yumurta

paistettu kananmuna

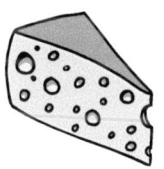

peynir

juusto

yemek - ruoka

dondurma

jäätelö

şeker

sokeri

bal

hunaja

reçel

hillo

fındık ezmesi

suklaapähkinälevite

köri

curry

yemek - ruoka

çiftlik
maatila

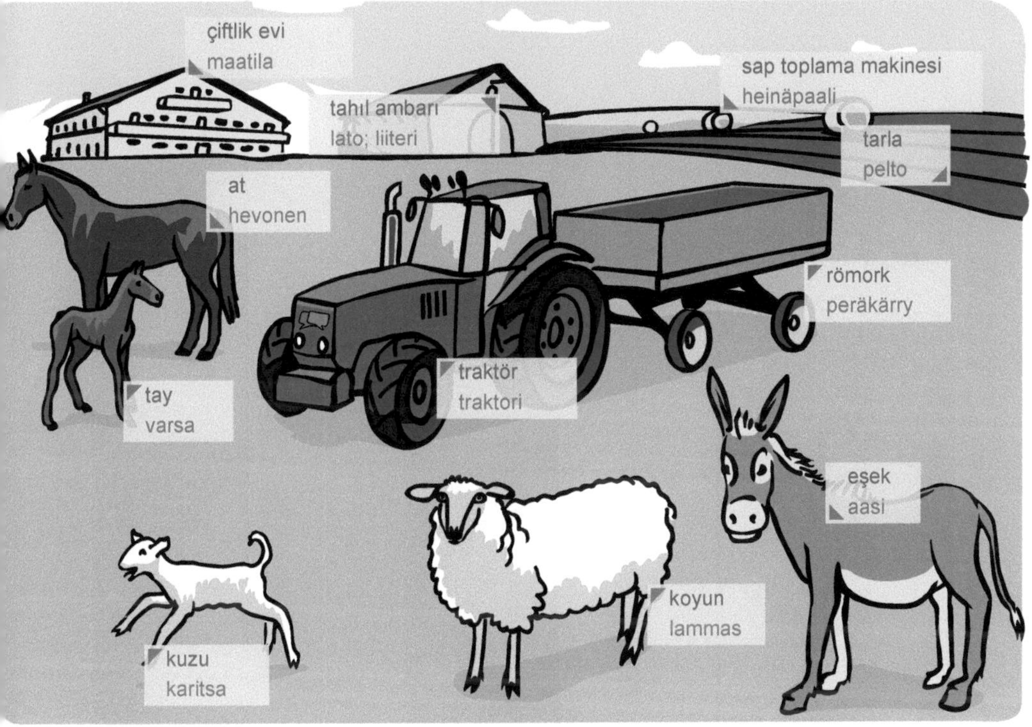

çiftlik evi
maatila
tahıl ambarı
lato; liiteri
sap toplama makinesi
heinäpaali
tarla
pelto
at
hevonen
römork
peräkärry
tay
varsa
traktör
traktori
eşek
aasi
koyun
lammas
kuzu
karitsa

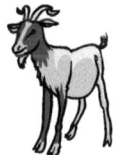

keçi
vuohi

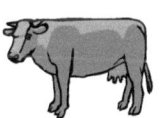

inek
lehmä

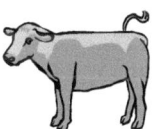

buzağı
vasikka

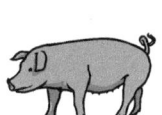

domuz
sika

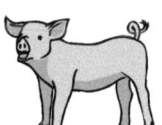

domuz yavrusu
porsas

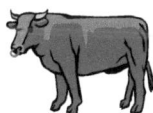

boğa
sonni

kaz
hanhi

ördek
ankka

civciv
tipu

tavuk
kana

horoz
kukko

sıçan
rotta

kedi
kissa

fare
hiiri

öküz
härkä

köpek
koira

köpek kulübesi
koirankoppi

bahçe hortumu
puutarhaletku

sulama kabı
kastelukannu

tırpan
viikate

pulluk
aura

orak

sirppi

çapa

kuokka

dirgen

talikko

balta

kirves

el arabası

kottikärryt

yemlik

kaukalo

süt kovası

maitokannu

çuval

säkki

çit

aita

ahır

talli

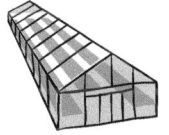

sera

kasvihuone

toprak

maa

tohum

siemen

gübre

lannoite

biçerdöver

leikkuupuimuri

hasat etmek

kerätä sato

harman

sato

tatlı patates

jamssit

buğday

vehnä

soya

soija

patates

peruna

mısır

maissi

kolza

rypsi

meyve ağacı

hedelmäpuu

manyok

maniokki

hububat

vilja

baca
savupiippu

çatı
katto

yağmur oluğu
sadevesikouru

pencere
ikkuna

garaj
autotalli

kapı zili
ovikello

kapı
ovi

çöp kutusu
roska-astia

posta kutusu
postilaatikko

bahçe
puutarha

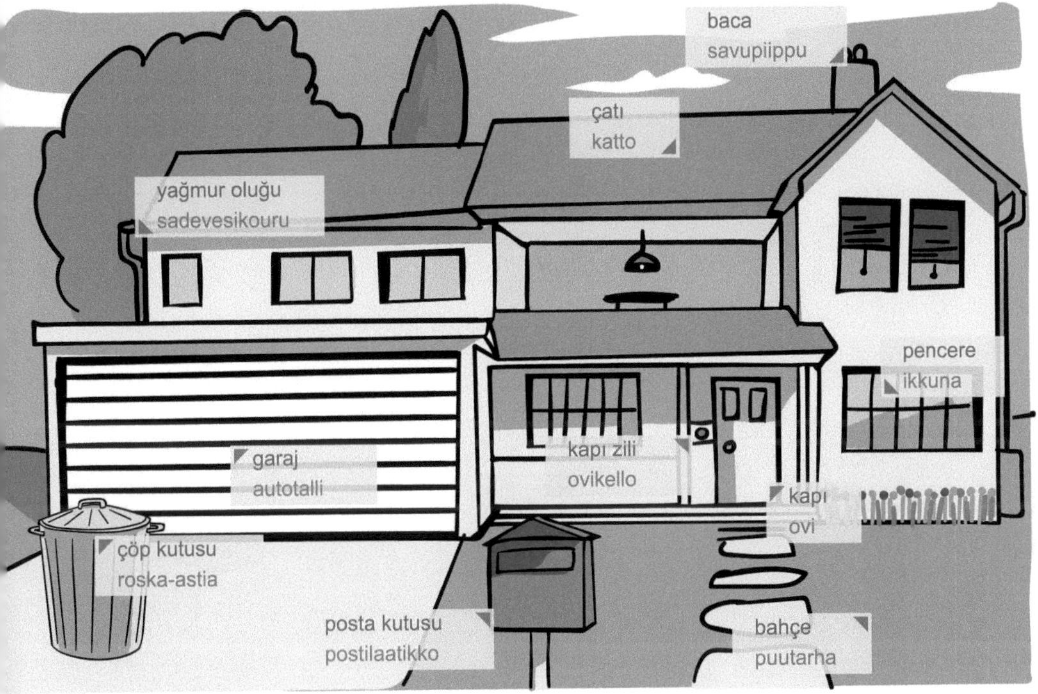

oturma odası
olohuone

banyo
kylpyhuone

mutfak
keittiö

yatak odası
makuuhuone

çocuk odası
lastenhuone

yemek odası
ruokahuone

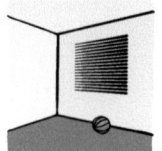

zemin
....
lattia

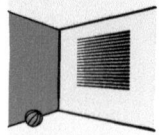

duvar
....
seinä

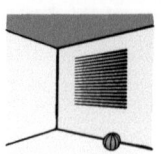

tavan
....
katto

kiler
....
kellari

sauna
....
sauna

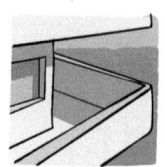

balkon
....
parveke

teras
....
terassi

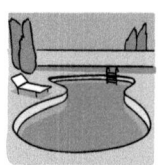

havuz
....
uima-allas

çim biçme makinesi
....
ruohonleikkuri

çarşaf
....
lakana

yatak örtüsü
....
päiväpeitto

yatak
....
sänky

süpürge
....
harja

kova
....
ämpäri

anahtar
....
katkaisin

oturma odası

olohuone

duvar kağıdı
tapetti
resim
kuva
lamba
lamppu
raf
hylly
dolap
kaappi
televizyon
televisio
şömine
takka
çiçek
kukka
minder
tyyny
kanepe
sohva
vazo
maljakko
uzaktan kumanda
kaukosäädin

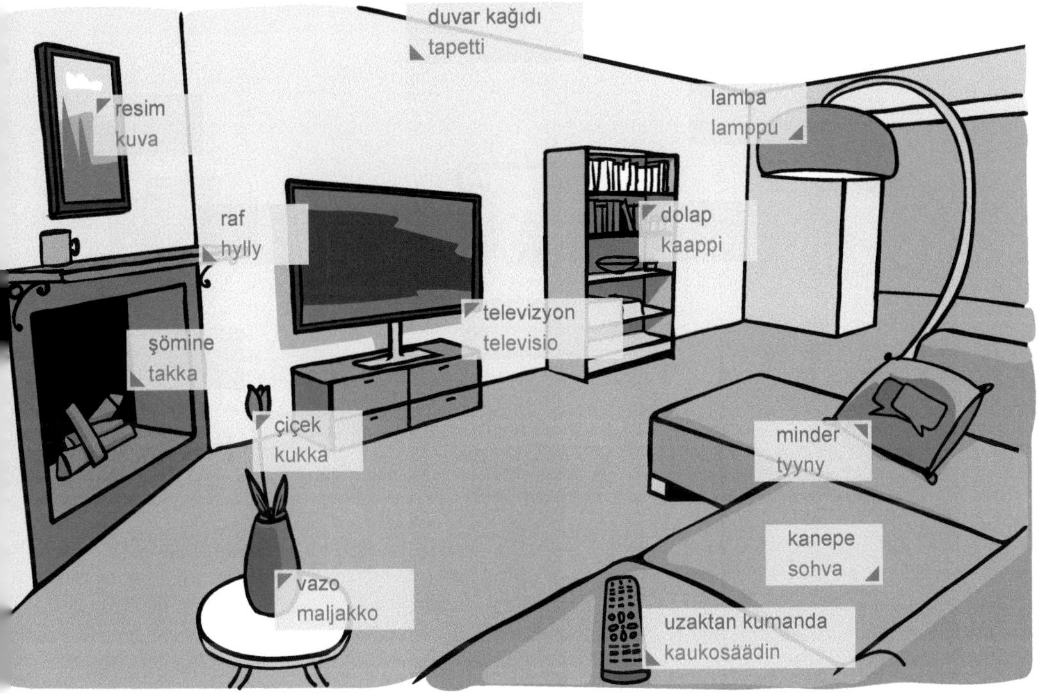

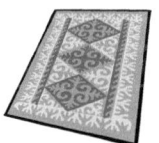

halı

matto

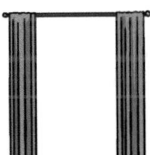

perde

verho

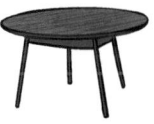

masa

pöytä

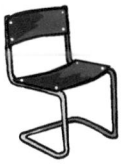

sandalye

tuoli

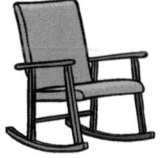

salıncaklı koltuk

keinutuoli

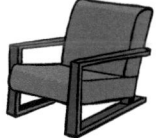

koltuk

nojatuoli

kitap

kirja

battaniye

peitto

dekor

koriste

odun

polttopuut

film

elokuva

hi-fi

stereot

anahtar

avain

gazete

sanomalehti

tablo

maalaus

poster

juliste

radyo

radio

defter

muistivihko

elektrikli süpürge

pölynimuri

kaktüs

kaktus

mum

kynttilä

oturma odası - olohuone

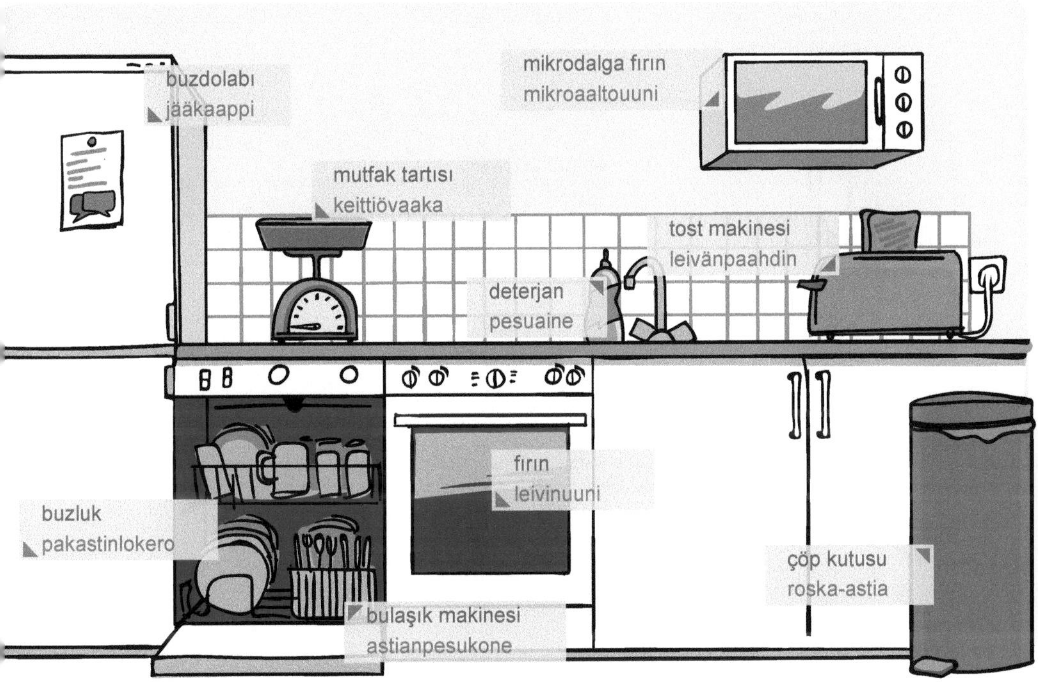

buzdolabı
jääkaappi

mikrodalga fırın
mikroaaltouuni

mutfak tartısı
keittiövaaka

tost makinesi
leivänpaahdin

deterjan
pesuaine

BB

fırın
leivinuuni

buzluk
pakastinlokero

çöp kutusu
roska-astia

bulaşık makinesi
astianpesukone

ocak
liesi

tencere
kattila

döküm tencere
rautapata

wok
vokkipannu / kadai-pannu

tava
paistinpannu

su ısıtıcı
teepannu

buharlı pişirici

höyrykeitin

pişirme tepsisi

uunipelti

tabak takımı

astiat

kupa

muki

kase

kulho

çubuk (çin yemeği)

syömäpuikot

kepçe

kauha

spatula

paistinlasta

çırpma teli

vispilä

süzgeç

siivilä

elek

siivilä

rende

raastin

havan

mortteli

barbekü

grilli

açık ateş

avotuli

kesme tahtası

leikkuulauta

merdane

kaulin

tirbüşon

korkinavaaja

konserve kutusu

purkki

konserve açacağı

purkinavaaja

fırın eldiveni

pannulappu

evye

lavuaari

fırça

tiskiharja

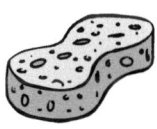

sünger

pesusieni

blender

tehosekoitin

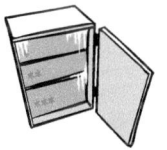

derin dondurucu

pakastin

biberon

tuttipullo

musluk

vesihana

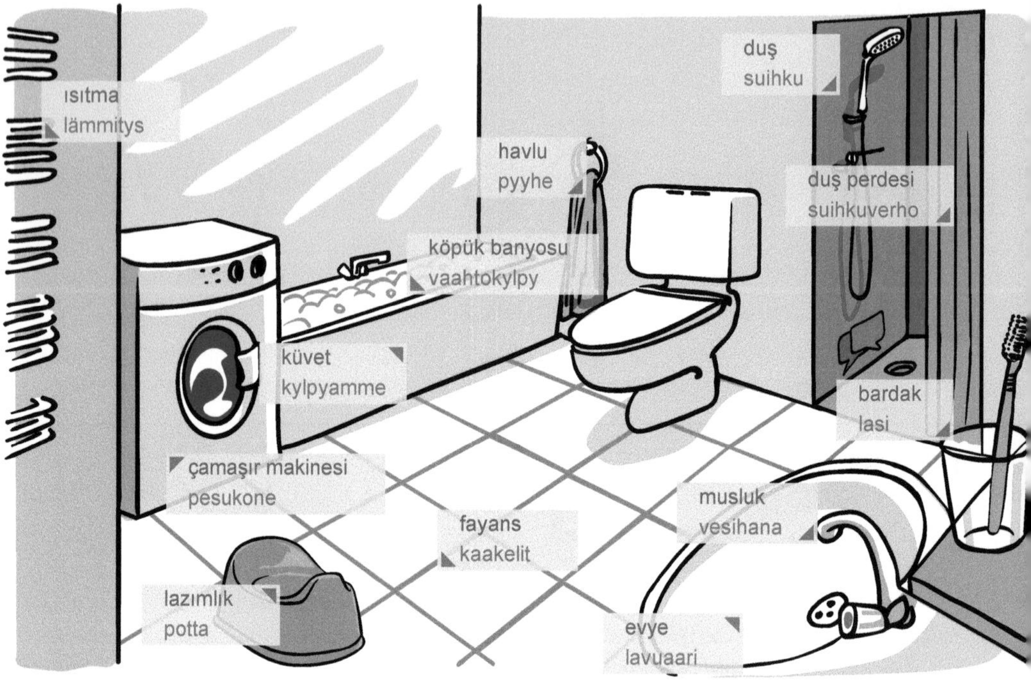

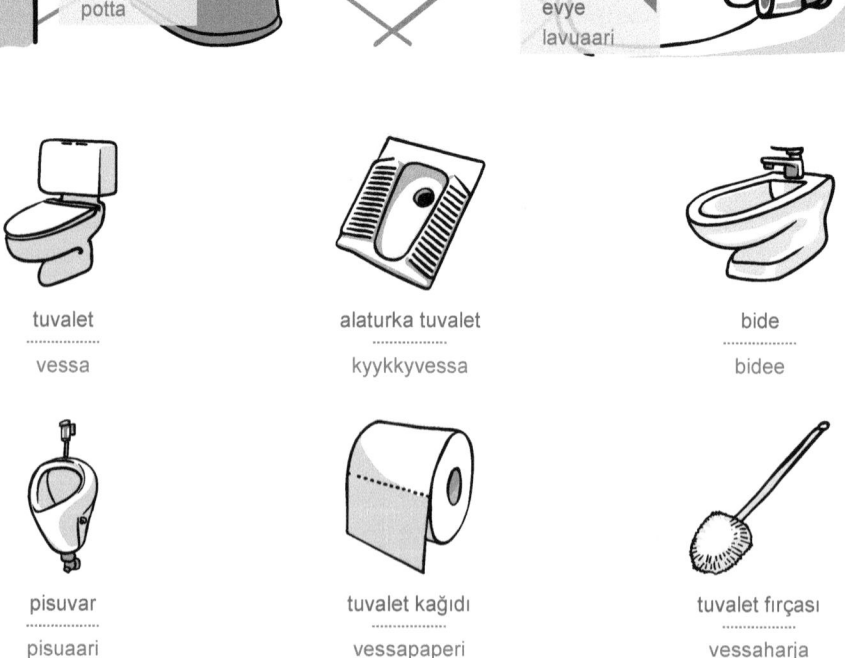

ısıtma
lämmitys

duş
suihku

havlu
pyyhe

duş perdesi
suihkuverho

köpük banyosu
vaahtokylpy

küvet
kylpyamme

bardak
lasi

çamaşır makinesi
pesukone

musluk
vesihana

fayans
kaakelit

lazımlık
potta

evye
lavuaari

tuvalet	alaturka tuvalet	bide
vessa	kyykkyvessa	bidee

pisuvar	tuvalet kağıdı	tuvalet fırçası
pisuaari	vessapaperi	vessaharja

diş fırçası

hammasharja

diş macunu

hammastahna

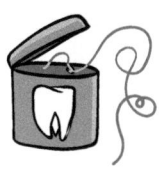

diş ipi

hammaslanka

yıkamak

pestä

duş başlığı

käsisuihku

duş başlığı şeklinde taharet musluğu

intiimisuihku

küvet

pesuvati

banyo fırçası

selkäharja

sabun

saippua

duş jeli

suihkugeeli

şampuan

shampoo

banyo lifi

pesulappu

gider

viemäri

krem

voide

deodorant

deodorantti

ayna
peili

el aynası
käsipeili

jilet
partaveitsi

tıraş köpüğü
partavaahto

tıraş losyonu
partavesi

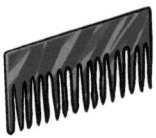

tarak
kampa

fırça
harja

saç kurutma makinesi
hiustenkuivaaja

saç spreyi
hiuslakka

makyaj
meikki

ruj
huulipuna

tırnak cilası
kynsilakka

pamuk
pumpuli

tırnak makası
kynsisakset

parfüm
hajuvesi

makyaj çantası

kosmetiikkalaukku

tabure

jakkara

tartı

vaaka

bornoz

kylpytakki

lastik eldiven

kumihansikkaat

tampon

tamponi

kadın pedi

terveysside

kimyevi tuvalet

kemiallinen wc

çocuk odası
lastenhuone

çalar saat
herätyskello
peluş oyuncak
pehmolelu
oyuncak araba
leikkiauto
çıngırak
helistin
bebek evi
nukkekoti
hediye
lahja

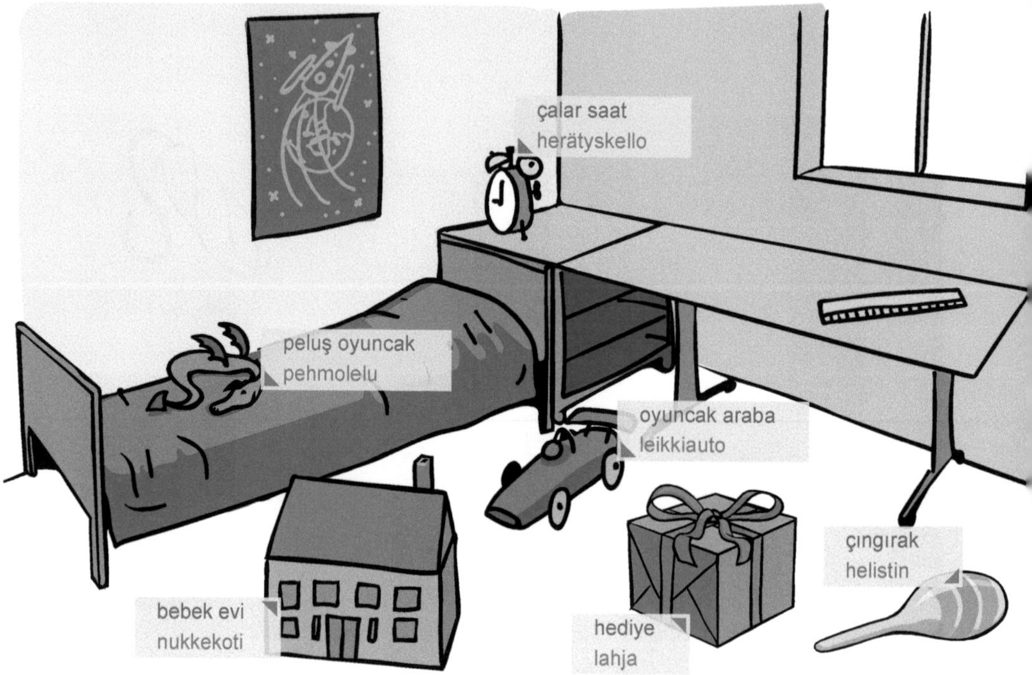

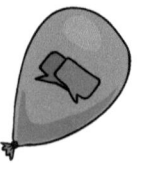

balon
ilmapallo

yatak
sänky

bebek arabası
lastenvaunut

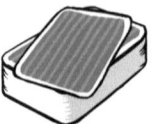

kart destesi
korttipeli

yapboz
palapeli

SUPER MEGA

çizgi roman
sarjakuva

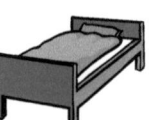

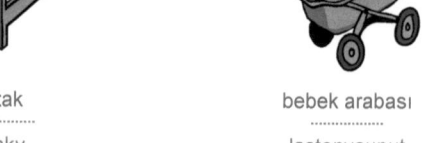

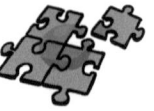

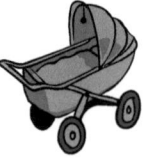

lego tuğlaları

legopalikat

lego blokları

rakennuspalikat

aksiyon figürü

supersankari

zıbın

potkupuku

frizbi

frisbee

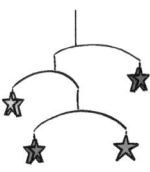

dönence

mobile

masa oyunu

lautapeli

zar

noppa

model tren seti

pienoisjunarata

emzik

tutti

parti

juhlat

resimli kitap

kuvakirja

top

pallo

oyuncak bebek

nukke

oynamak

leikkiä

kum havuzu

hiekkalaatikko

salıncak

keinu

oyuncaklar

lelut

video oyun konsolu

pelikonsoli

üç tekerlekli bisiklet

kolmipyörä

oyuncak ayı

nalle

gardırop

vaatekaappi

kıyafet
vaatteet

çorap

sukat

külotlu çorap

nylonsukat

tayt

sukkahousut

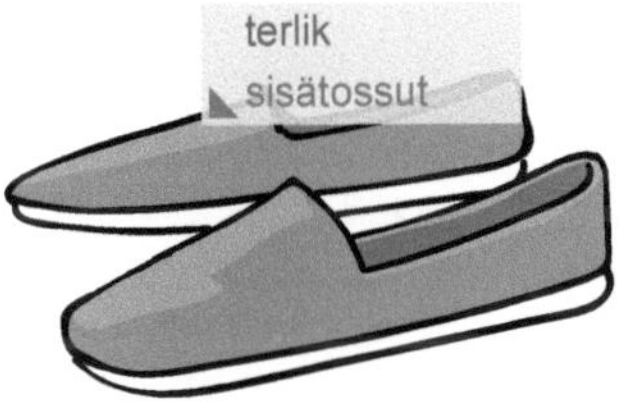

eşarp
kaulaliina

şemsiye
sateenvarjo

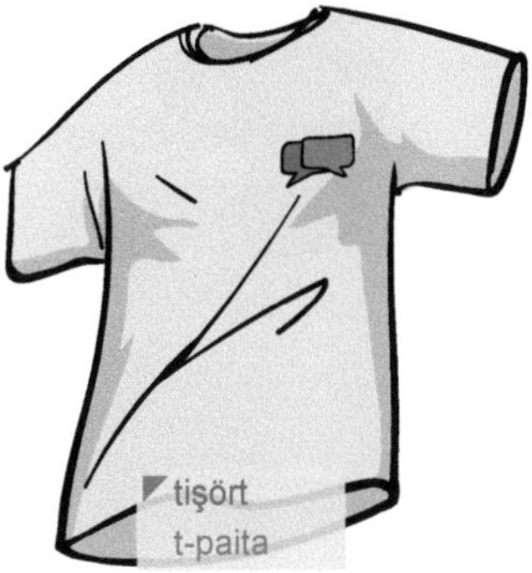

tişört
t-paita

kemer
vyö

bot
saappaat

terlik
sisätossut

spor ayakkabı
lenkkarit

sandalet
·················
sandaalit

ayakkabı
·················
kengät

lastik çizme
·················
kumisaappaat

külot
···············
alushousut

sütyen
···············
rintaliivit

yelek
···············
aluspaita

dar bluz
body

pantolon
housut

kot pantolon
farkut

etek
hame

bluz
pusero

gömlek
paita

kazak
villapaita

süveter
collegepaita

blazer
jakku

ceket
takki

mont
takki

yağmurluk
sadetakki

kostüm
puku

elbise
mekko

gelinlik
hääpuku

takım elbise
puku

gecelik
yöpaita

pijama
pyjama

sari
shari

baş örtüsü
päähuivi

türban
turbaani

burka
burka

kaftan
kaftaani

çarşaf
abaya

mayo
uimapuku

erkek mayosu
uimahousut

şort
shortsit

eşofman
verkkarit

önlük
esiliina

eldiven
käsineet

düğme
nappi

gözlük
silmälasit

bilezik
rannekoru

kolye
kaulakoru

yüzük
sormus

küpe
korvakoru

kep
lippalakki

portmanto
ripustin

şapka
hattu

kravat
solmio

fermuar
vetoketju

kask
kypärä

pantolon askısı
henkselit

okul forması
koulupuku

üniforma
univormu

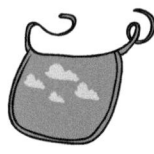

mama önlüğü

ruokalappu

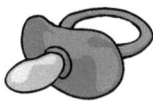

emzik

tutti

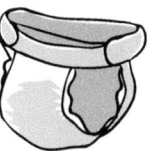

bebek bezi

vaippa

ofis
toimisto

sunucu
palvelin
dosya dolabı
asiakirjakaappi
kağıt
paperi
yazıcı
tulostin
monitör
näyttö
fare
hiiri
masa
kirjoituspöytä
klasör
kansio
klavye
näppäimistö
sandalye
tuoli
kağıt çöp kutusu
roskakori
bilgisayar
tietokone

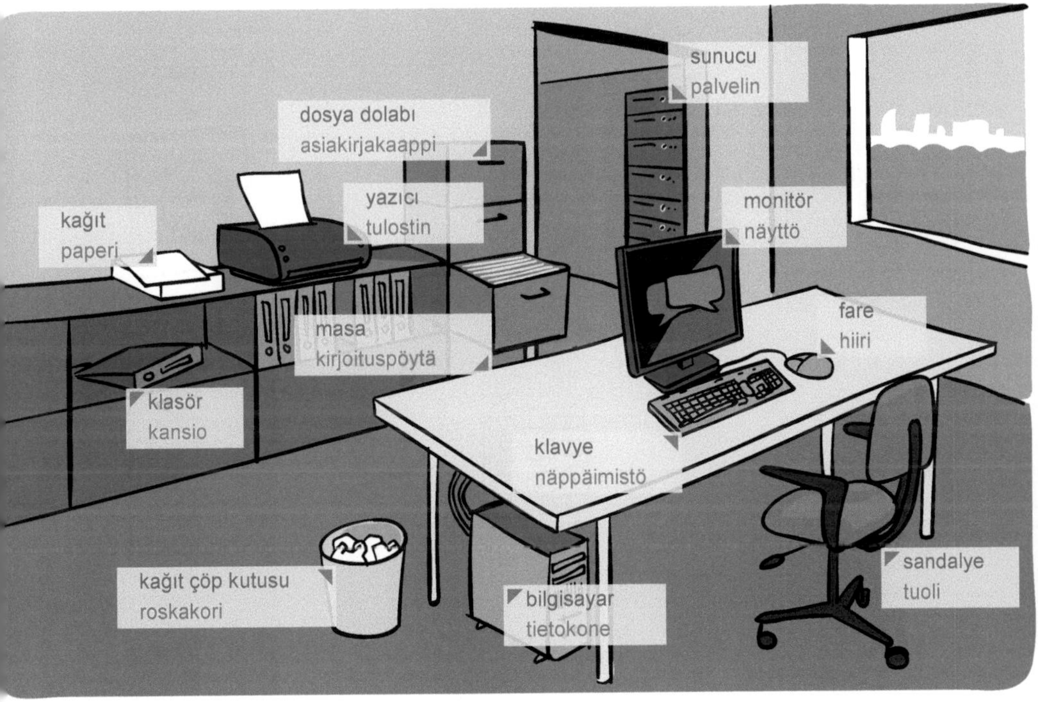

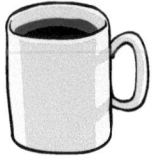

kahve fincanı

kahvimuki

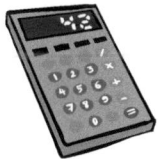

hesap makinesi

taskulaskin

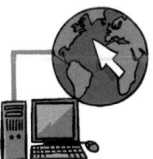

internet

internet

dizüstü

kannettava tietokone

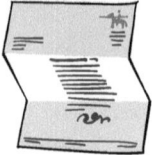

mektup

kirje

mesaj

viesti

cep telefonu

kännykkä

ağ

verkko

fotokopi makinesi

kopiokone

yazılım

ohjelmisto

telefon

puhelin

priz

pistorasia

faks makinesi

faksi

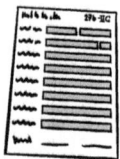

form

lomake

belge

asiakirja

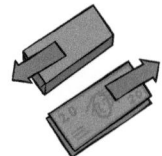

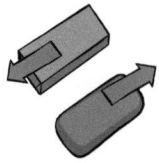

satın almak	ödemek	ticaret yapmak
ostaa	maksaa	vaihtaa

para	dolar	avro
raha	dollari	euro

yen	ruble	İsviçre frangı
jeni	rupla	frangi

Çin yuanı	rupi	kasa
renminbi juan	rupia	pankkiautomaatti

döviz bürosu

rahanvaihto

altın

kulta

gümüş

hopea

petrol

öljy

enerji

energia

fiyat

hinta

kontrat

sopimus

vergi

vero

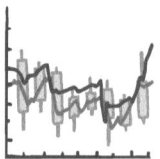

menkul değer

osake

çalışmak

työskennellä

işveren

työntekijä

işçi

työnantaja

fabrika

tehdas

mağaza

liike

meslekler
ammatit

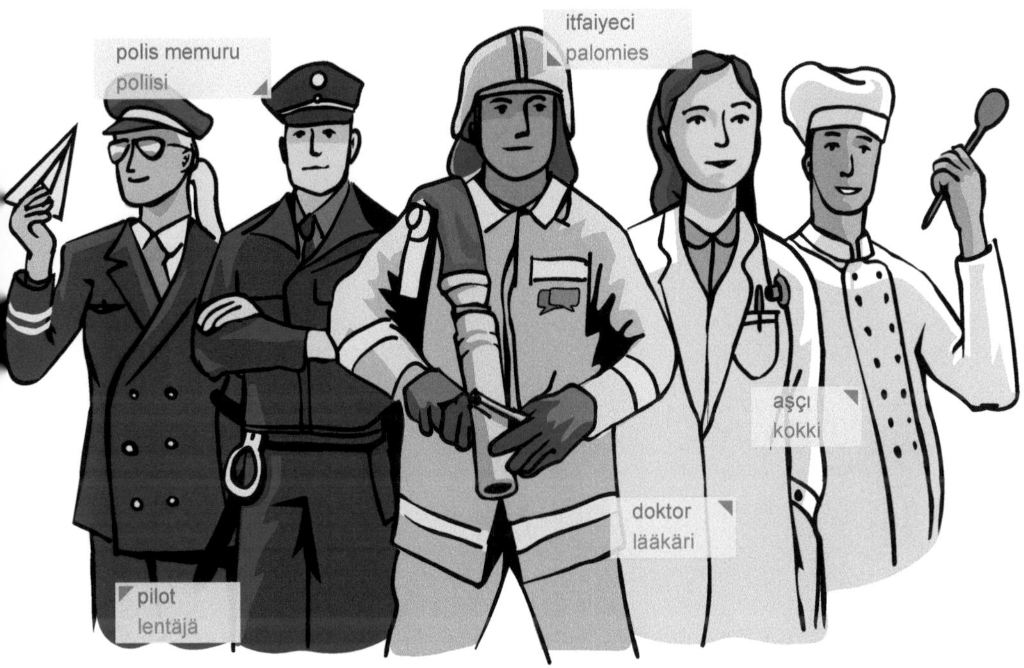

polis memuru
poliisi
itfaiyeci
palomies
aşçı
kokki
doktor
lääkäri
pilot
lentäjä

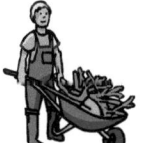

bahçıvan

puutarhuri

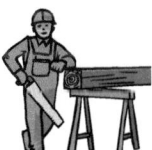

marangoz

puuseppä

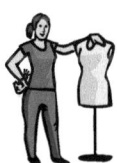

terzi

ompelija

hakim

tuomari

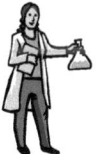

kimyager

kemisti

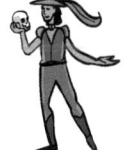

aktör

näyttelijä

otobüs şoförü

linja-autonkuljettaja

taksi şoförü

taksinkuljettaja

balıkçı

kalastaja

temizlikçi

siivooja

çatı ustası

katontekijä

garson

tarjoilija

avcı

metsästäjä

boyacı

maalari

fırıncı

leipuri

elektrikçi

sähköasentaja

inşaatçı

rakentaja

mühendis

insinööri

kasap

teurastaja

muslukçu

putkiasentaja

postacı

postinjakaja

asker

sotilas

mimar

arkkitehti

kasiyer

kassanhoitaja

çiçekçi

floristi

kuaför

kampaaja

kondüktör

konduktööri

tamirci

mekaanikko

kaptan

kapteeni

dişçi

hammaslääkäri

bilim insanı

tiedemies

haham

rabbi

imam

imaami

keşiş

munkki

rahip

pappi

aletler
työkalut

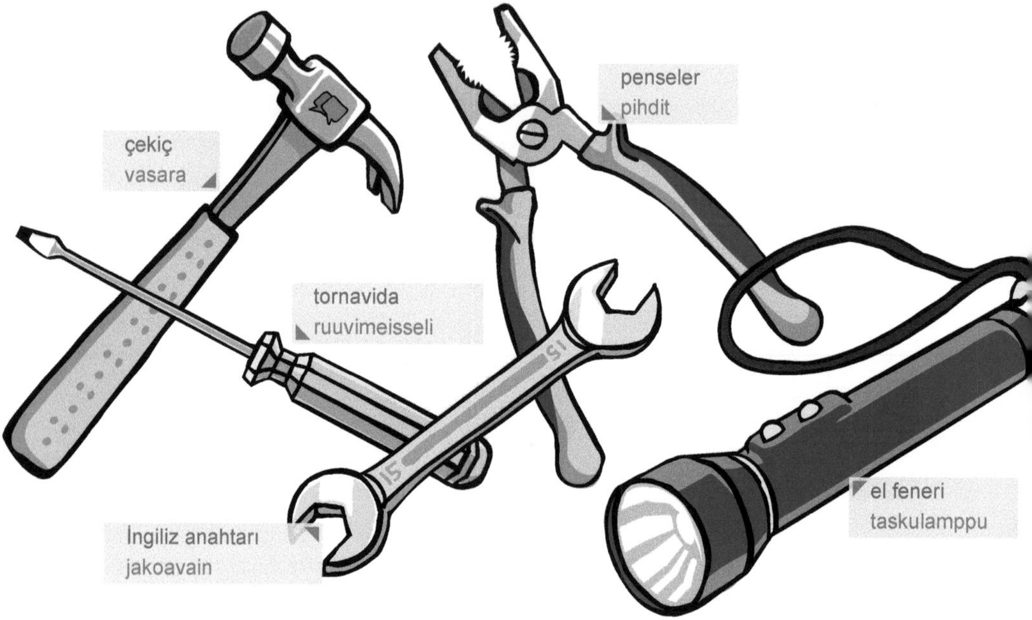
çekiç
vasara
penseler
pihdit
tornavida
ruuvimeisseli
İngiliz anahtarı
jakoavain
el feneri
taskulamppu

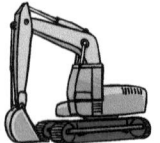

kazı makinesi

kaivinkone

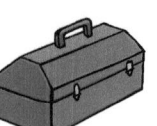

alet çantası

työkalupakki

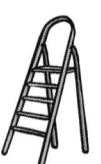

merdiven

tikkaat

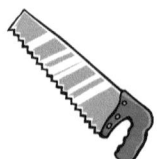

testere

saha

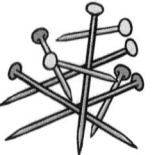

çiviler

naulat

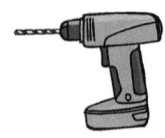

matkap

pora

tamir etmek
korjata

kürek
lapio

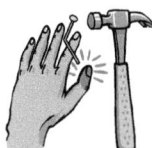

Kahretsin!
Hitto!

faraş
rikkalapio

boya tenekesi
maalipurkki

vidalar
ruuvit

müzik enstrümanı
soittimet

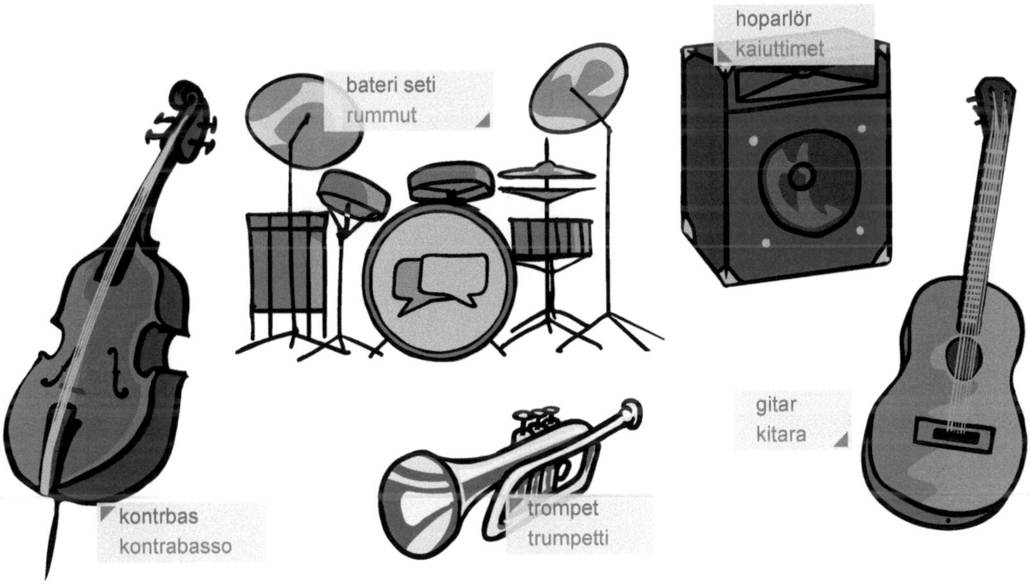

hoparlör
kaiuttimet

bateri seti
rummut

gitar
kitara

kontrbas
kontrabasso

trompet
trumpetti

piyano

piano

keman

viulu

basgitar

basso

timpani

patarummut

bateri

rumpu

klavye

kosketinsoitin

saksafon

saksofoni

flüt

huilu

mikrofon

mikrofoni

müzik enstrümanı - soittimet

hayvanat bahçesi

eläintarha

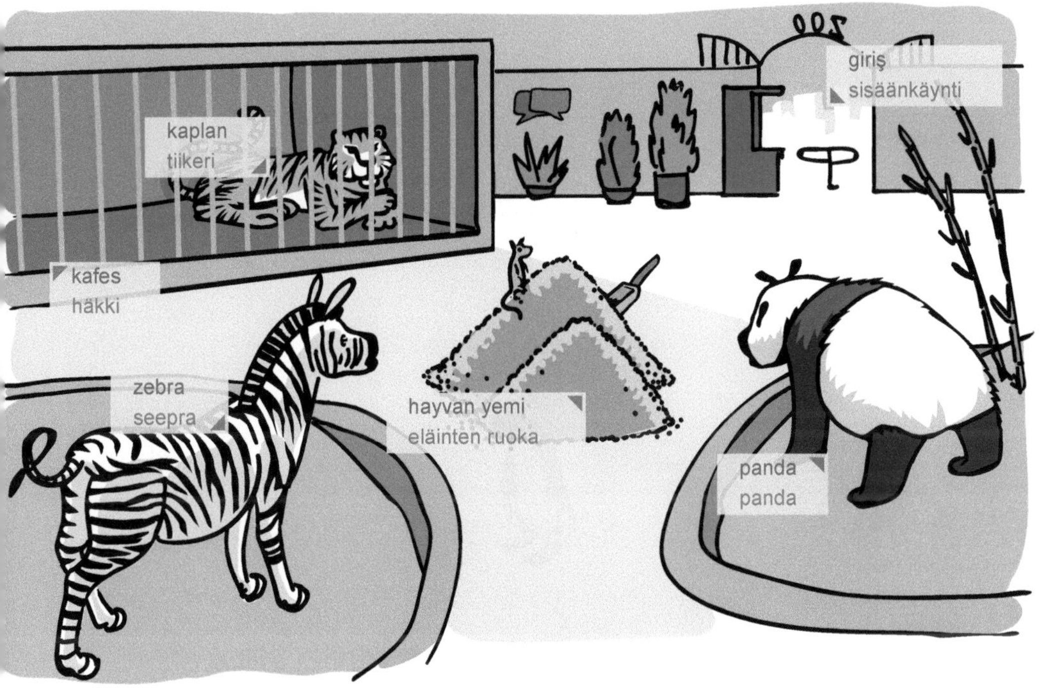

giriş
sisäänkäynti
kaplan
tiikeri
kafes
häkki
zebra
seepra
hayvan yemi
eläinten ruoka
panda
panda

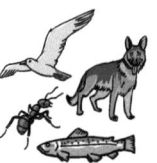

hayvanlar

eläimet

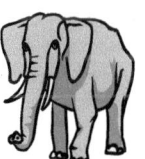

fil

norsu

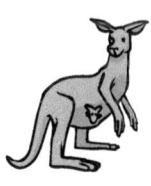

kanguru

kenguru

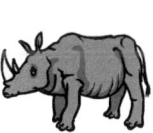

gergedan

sarvikuono

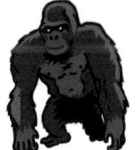

goril

gorilla

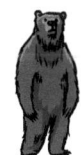

ayı

karhu

deve

kameli

deve kuşu

strutsi

aslan

leijona

maymun

apina

flamingo

flamingo

papağan

papukaija

kutup ayısı

jääkarhu

penguen

pingviini

köpek balığı

hai

tavus kuşu

riikinkukko

yılan

käärme

timsah

krokotiili

hayvanat bahçesi görevlisi

eläintarhanhoitaja

fok

hylje

jaguar

jaguaari

midilli atı

poni

leopar

leopardi

su aygırı

virtahepo

zürafa

kirahvi

kartal

kotka

yaban domuzu

villisika

balık

kala

kaplumbağa

kilpikonna

mors

mursu

tilki

kettu

ceylan

gaselli

amerikan futbolu
amerikkalainen jalkapallo

bisiklete binme
pyöräily

tenis
tennis

basketbol
koripallo

yüzme
uinti

boks
nyrkkeily

buz hokeyi
jääkiekko

futbol
jalkapallo

badminton
sulkapallo

atletizm
yleisurheilu

hentbol
käsipallo

kayak
hiihto

polo
poolo

atlamak
hypätä

gülmek
nauraa

sarılmak
halata

yürümek
kävellä

söylemek
laulaa

dua etmek
rukoilla

öpmek
suudella

hayal etmek
unelmoida

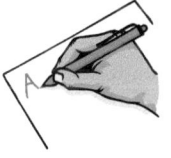

yazmak
kirjoittaa

çizmek
piirtää

göstermek
näyttää

itmek
painaa

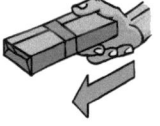

vermek
antaa

almak
ottaa

sahip olmak

omistaa

yapmak

tehdä

olmak

olla

ayakta durmak

seisoa

koşmak

juosta

çekmek

vetää

atmak

heittää

düşmek

kaatua

yalan söylemek

maata

beklemek

odottaa

taşımak

kantaa

oturmak

istua

giyinmek

pukeutua

uyumak

nukkua

uyanmak

herätä

bakmak
katsoa

ağlamak
itkeä

vurmak
silittää

taramak
kammata

konuşmak
puhua

anlamak
ymmärtää

sormak
kysyä

dinlemek
kuunnella

içmek
juoda

yemek
syödä

düzenlemek
siivota

sevmek
rakastaa

pişirmek
keittää

sürmek
ajaa

uçmak
lentää

denize açılmak

purjehtia

hesapla

laskea

okumak

lukea

öğrenmek

oppia

çalışmak

työskennellä

evlenmek

mennä naimisiin

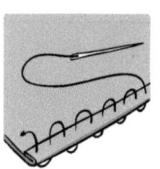

dikmek

ommella

diş fırçalamak

pestä hampaat

öldürmek

tappaa

sigara içmek

tupakoida

yollamak

lähettää

büyükanne
mummo

büyükbaba
ukki

baba
isä

anne
äiti

bebek
vauva

kız
tytär

oğul
poika

misafir

vieras

teyze

täti

amca

setä

erkek kardeş

veli

kız kardeş

sisko

vücut
vartalo

alın
otsa
göz
silmä
yüz
kasvot
çene
leuka
parmak
sormet
el
käsi
omuz
olkapää
göğüs
rinta
kol
käsivarsi
bacak
jalka

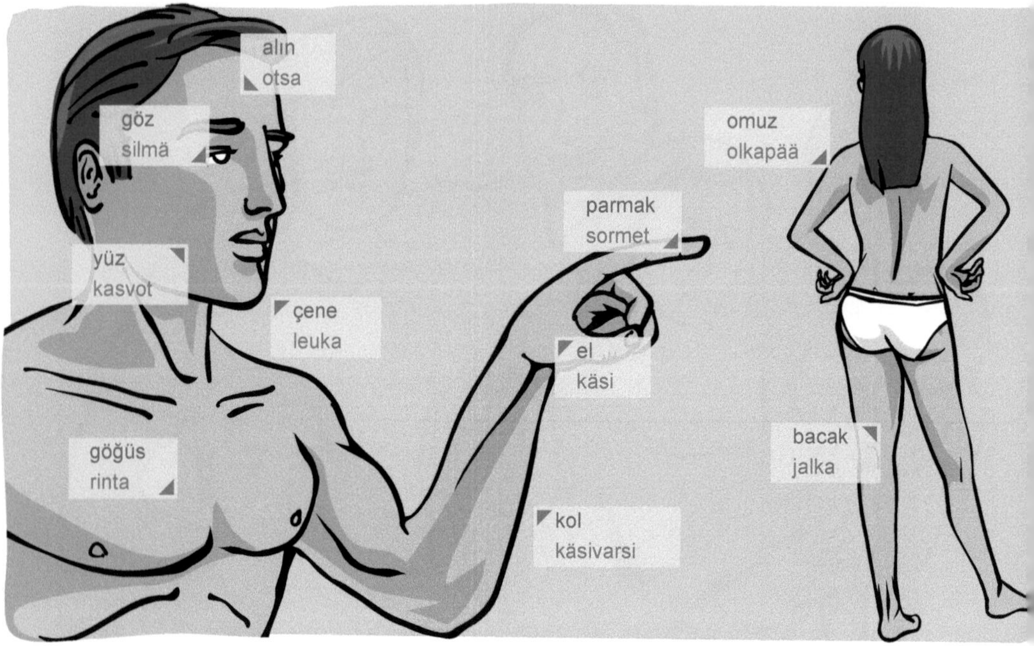

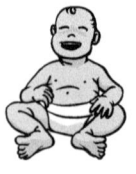

bebek

vauva

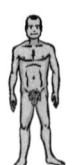

adam

mies

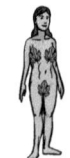

kadın

nainen

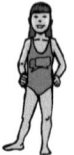

kız

tyttö

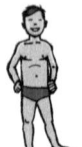

erkek çocuk

poika

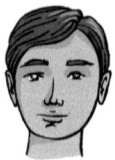

baş

pää

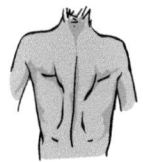

sırt
selkä

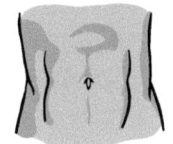

karın
maha

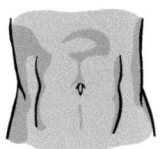

göbek
napa

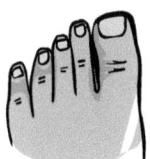

ayak parmağı
varvas

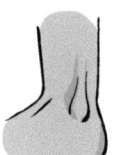

topuk
kantapää

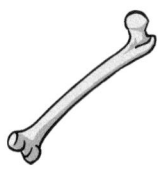

kemik
luu

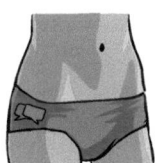

kalça
lantio

diz
polvi

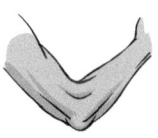

dirsek
kyynärpää

burun
nenä

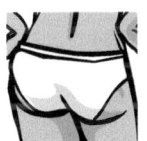

kalça
takapuoli

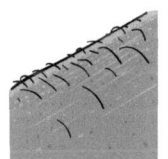

deri
iho

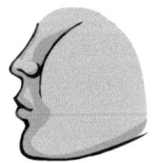

yanak
poski

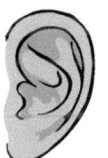

kulak
korva

dudak
huuli

ağız

suu

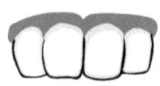

diş

hammas

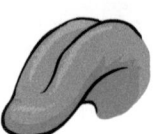

dil

kieli

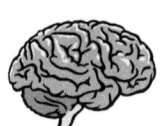

beyin

aivot

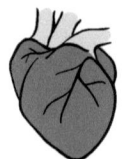

kalp

sydän

kas

lihas

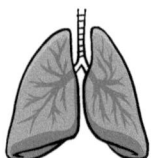

akciğer

keuhkot

karaciğer

maksa

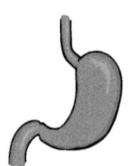

mide

vatsa

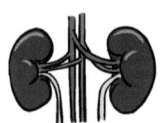

böbrekler

munuaiset

seks

seksi

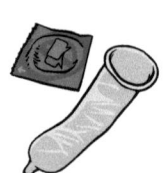

prezervatif

kondomi

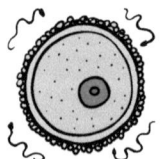

yumurtalık

munasolu

sperm

sperma

hamilelik

raskaus

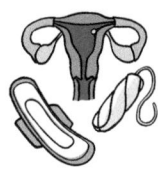

regl

kuukautiset

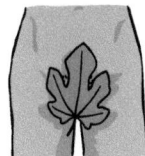

vajina

vagina

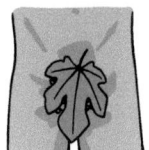

penis

penis

kaş

kulmakarvat

saç

hiukset

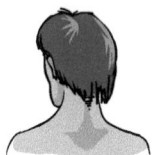

boyun

niska

hastane
sairaala

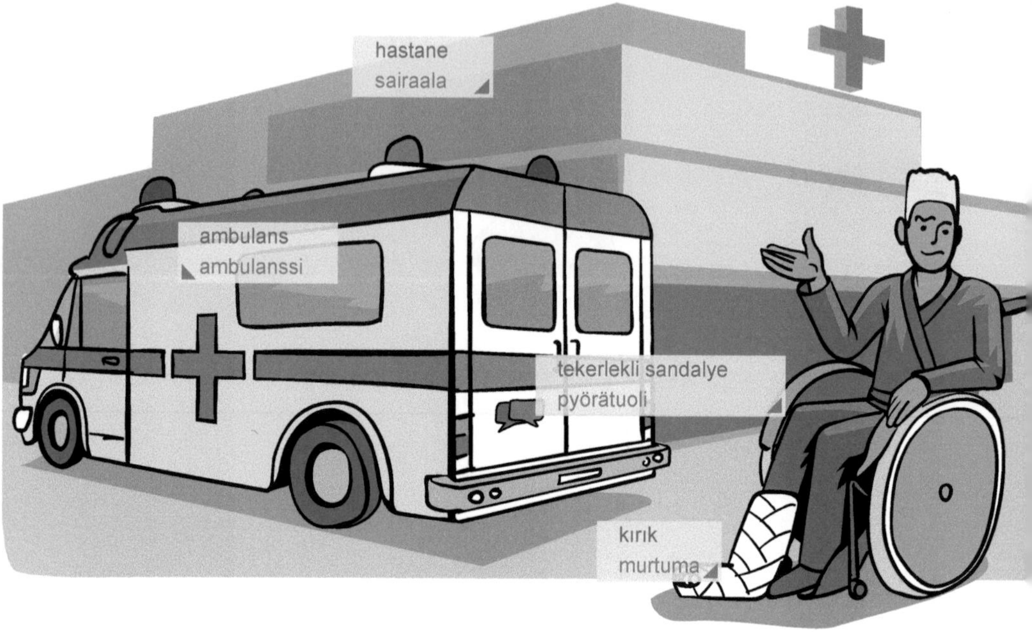

hastane
sairaala
ambulans
ambulanssi
tekerlekli sandalye
pyörätuoli
kırık
murtuma

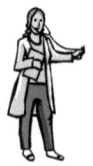

doktor

lääkäri

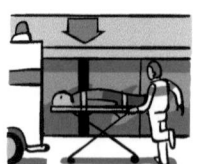

acil servis

ensiapu

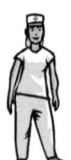

hemşire

sairaanhoitaja

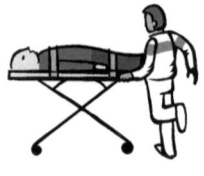

acil

hätätilanne

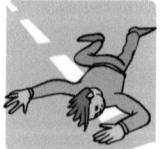

baygın

tajuton

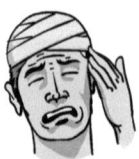

acı

kipu

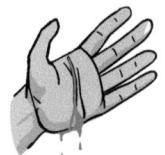

yaralanma
vamma

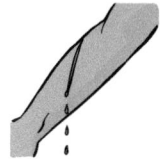

kanama
verenvuoto

kalp krizi
sydänkohtaus

felç
aivoinfarkti

alerji
allergia

öksürük
yskä

ateş
kuume

grip
flunssa

ishal
ripuli

baş ağrısı
päänsärky

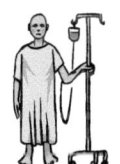

kanser
syöpä

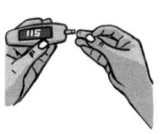

şeker hastalığı
diabetes

cerrah
kirurgi

neşter
veitsi

operasyon
leikkaus

bilgisayarlı tomografi

ct

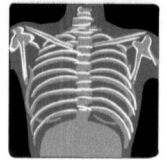

röntgen

röntgen

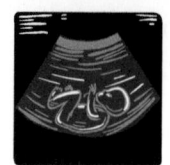

ultrason

ultraääni

yüz maskesi

maski

hastalık

sairaus

bekleme odası

odotushuone

koltuk değneği

sauva

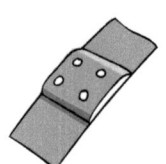

yara bandı

laastari

bandaj

side

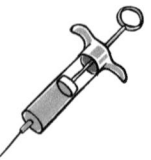

enjeksiyon

pistos

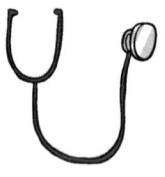

steteskop

stetoskooppi

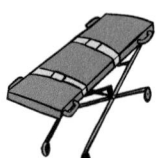

sedye

paarit

tıbbi termometre

kuumemittari

doğum

syntymä

fazla kilo

ylipaino

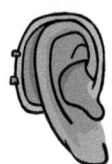		
işitme cihazı	dezenfektan	enfeksiyon
kuulolaite	desinfiointiaine	infektio

virüs	HIV / AIDS	ilaç
virus	HIV / AIDS	lääke
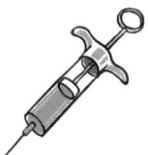	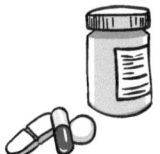	
aşı	tablet	hap
rokotus	tabletit	pilleri

acil çağrı	tansiyon aleti	hasta / sağlıklı
hätäpuhelu	verenpainemittari	sairas / terve

alarm

hälytys

darp

ryöstö

İmdat!

Apua!

saldırı

hyökkäys

tehlike

vaara

acil çıkış

hätäuloskäynti

yangın tüpü

palosammutin

kaza

onnettomuus

Yangın!

Tulipalo!

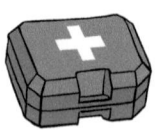

ilk yardım çantası

ensiapulaukku

imdat

SOS

polis

poliisilaitos

Avrupa

Eurooppa

Kuzey Amerika

Pohjois-Amerikka

Güney amerika

Etelä-Amerikka

Afrika

Afrikka

Asya

Aasia

Avustralya

Australia

Atlantik

Atlantin valtameri

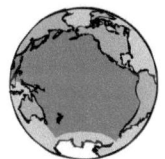

Pasifik

Tyynimeri

Hint Okyanusu

Intian valtameri

Antarktika Okyanusu

Eteläinen jäämeri

Arktik Okyanusu

Pohjoinen jäämeri

Kuzey Kutbu

pohjoisnapa

Güney Kutbu
....
etelänapa

Antarktika
....
Antarktis

dünya
....
maa

kara
....
maa

deniz
....
meri

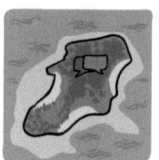

ada
....
saari

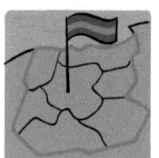

ulus
....
kansa

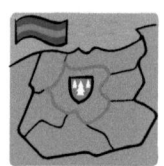

ülke
....
osavaltio

kadran

kellotaulu

akrep

tuntiviisari

yelkovan

minuuttiviisari

saniye ibresi

sekuntiviisari

Saat kaç?

Paljonko kello on?

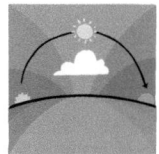

gün

päivä

zaman

aika

şimdi

nyt

dijital saat

digitaalikello

dakika

minuutti

saat

tunti

hafta
viikko

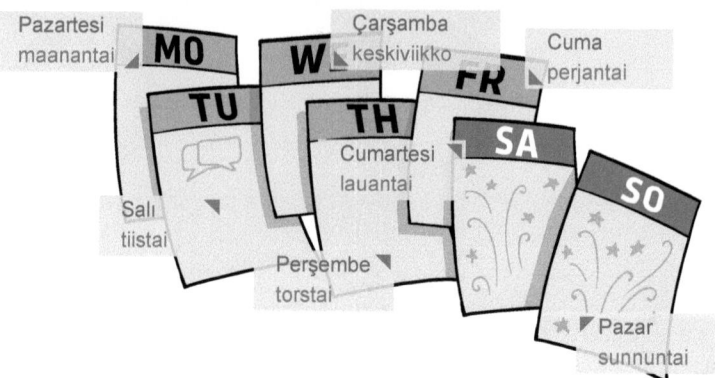

Pazartesi / maanantai — MO
TU — Salı / tiistai
W / keskiviikko — Çarşamba
TH — Perşembe / torstai
FR / perjantai — Cuma
SA — Cumartesi / lauantai
SO — Pazar / sunnuntai

dün
....
eilen

bugün
....
tänään

yarın
....
huomenna

sabah
....
aamu

öğle
....
keskipäivä

akşam
....
ilta

MO	TU	WE	TH	FR	SA	SU
1	2	3	4	5	6	7
8	9	10	11	12	13	14
15	16	17	18	19	20	21
22	23	24	25	26	27	28
29	30	31	1	2	3	4

iş günleri
....
työpäivät

MO	TU	WE	TH	FR	SA	SU
1	2	3	4	5	6	7
8	9	10	11	12	13	14
15	16	17	18	19	20	21
22	23	24	25	26	27	28
29	30	31	1	2	3	4

hafta sonu
....
viikonloppu

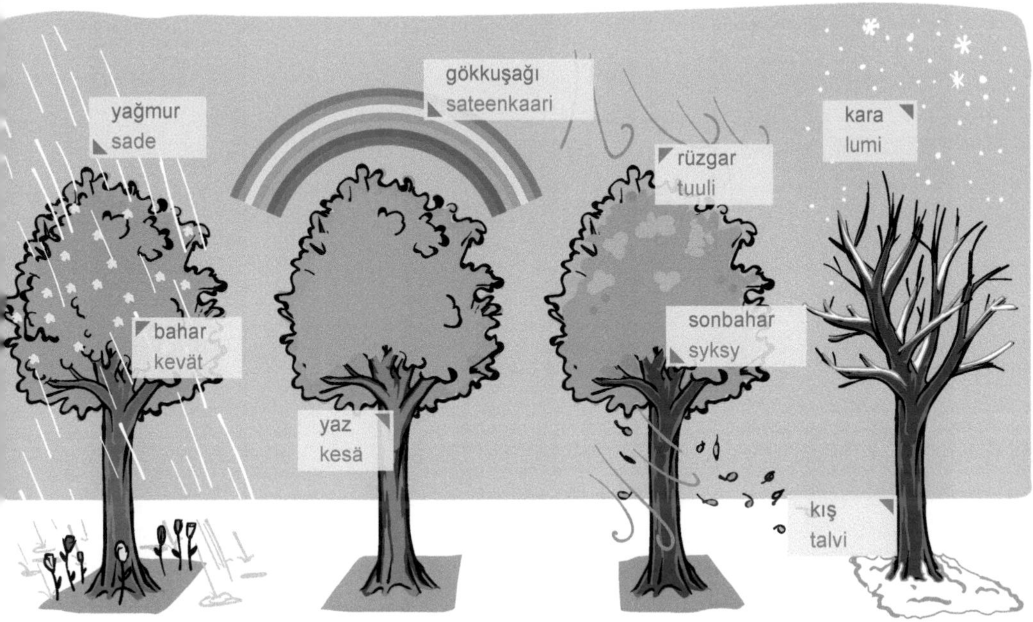

yağmur
sade

gökkuşağı
sateenkaari

rüzgar
tuuli

kara
lumi

bahar
kevät

sonbahar
syksy

yaz
kesä

kış
talvi

4.APRIL	11°	☀
5.APRIL	4°	☁
6.APRIL	13°	☂
7.APRIL	8°	☀
8.APRIL	10°	☀

hava durumu tahmini
....
sääennuste

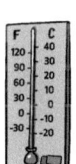

termometre
....
lämpömittari

güneş ışığı
....
auringonpaiste

bulut
....
pilvi

sis
....
sumu

nem
....
ilmankosteus

şimşek
salama

gök gürültüsü
ukkonen

fırtına
myrsky

dolu
rae

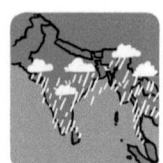

muson
monsuuni

sel
tulva

buz
jää

Ocak
tammikuu

Şubat
helmikuu

Mart
maaliskuu

Nisan
huhtikuu

Mayıs
toukokuu

Haziran
kesäkuu

Temmuz
heinäkuu

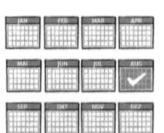

Ağustos
elokuu

yıl - vuosi

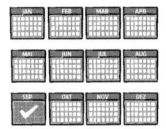

Eylül
....
syyskuu

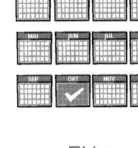

Ekim
....
lokakuu

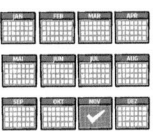

Kasım
....
marraskuu

Aralık
....
joulukuu

şekiller
muodot

daire
....
ympyrä

kare
....
neliö

dikdörtgen
....
suorakulmio

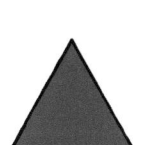

üçgen
....
kolmio

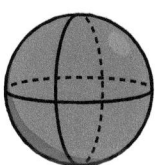

küre
....
pallo

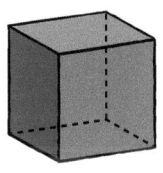

küp
....
kuutio

beyaz

valkoinen

sarı

keltainen

turuncu

oranssi

pembe

vaaleanpunainen

kırmızı

punainen

mor

violetti

mavi

sininen

yeşil

vihreä

kahverengi

ruskea

gri

harmaa

siyah

musta

çok / az

paljon / vähän

kızgın / sakin

vihainen / ystävällinen

güzel / çirkin

kaunis / ruma

başlangıç / son

alku / loppu

büyük / küçük

suuri / pieni

parlak / karanlık

vaalea / tumma

erkek kardeş / kız kardeş

veli / sisko

temiz / kirli

puhdas / likainen

tamam / eksik

täydellinen / epätäydellinen

gün / gece

päivä / yö

ölü / canlı

kuollut / elävä

geniş / dar

leveä / kapea

yenilebilir / yenilemez

syötävä / syömäkelvoton

kötü / iyi

paha / kiltti

heyecanlı / sıkılmış

innostunut / tylsistynyt

şişman / zayıf

lihava / laiha

ilk / son

ensimmäinen / viimeinen

dost / düşman

ystävä / vihollinen

dolu / boş

täysi / tyhjä

sert / yumuşak

kova / pehmeä

ağır / hafif

painava / kevyt

açlık / susuzluk

nälkä / jano

hasta / sağlıklı

sairas / terve

yasa dışı / yasal

laiton / laillinen

zeki / aptal

älykäs / tyhmä

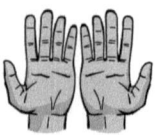

sol / sağ

vasen / oikea

yakın / uzak

lähellä / kaukana

yeni / kullanılmış

uusi / käytetty

hiçbir şey / bir şey

ei mitään / jotain

yaşlı / genç

vanha / nuori

açma / kapama

päällä / pois päältä

açık / kapalı

auki / kiinni

sessiz / gürültülü

hiljainen / äänekäs

zengin / fakir

rikas / köyhä

doğru / yanlış

oikein / väärin

pürüzlü / düz

karhea / sileä

üzgün / mutlu

surullinen / iloinen

kısa / uzun

lyhyt / pitkä

yavaş / hızlı

hidas / nopea

ıslak / kuru

märkä / kuiva

sıcak / serin

lämmin / viileä

savaş / barış

sota / rauha

0	**1**	**2**
sıfır	bir	iki
nolla	yksi	kaksi

3	**4**	**5**
üç	dört	beş
kolme	neljä	viisi

6	**7**	**8**
altı	yedi	sekiz
kuusi	seitsemän	kahdeksan

9	**10**	**11**
dokuz	on	on bir
yhdeksän	kymmenen	yksitoista

12

on iki

kaksitoista

13

on üç

kolmetoista

14

on dört

neljätoista

15

on beş

viisitoista

16

on altı

kuusitoista

17

on yedi

seitsemäntoista

18

on sekiz

kahdeksantoista

19

on dokuz

yhdeksäntoista

20

yirmi

kaksikymmentä

100

yüz

sata

1.000

bin

tuhat

1.000.000

milyon

miljoona

İngilizce

englanti

Amerikan İngilizcesi

amerikanenglanti

Çince (Mandarin)

mandariinikiina

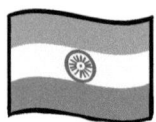

Hintçe

hindi

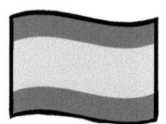

İspanyolca

espanja

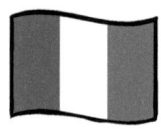

Fransızca

ranska

Arapça

arabia

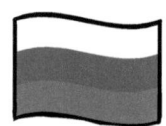

Rusça

venäjä

Portekizce

portugali

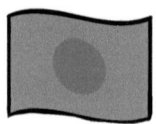

Bengalce

bengali

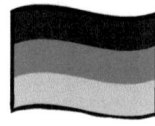

Almanca

saksa

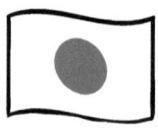

Japonca

japani

ben
minä

sen
sinä

o
hän

biz
me

siz
te

onlar
he

kim?
kuka?

ne?
mitä / mikä?

nasıl?
miten?

nerede?
missä?

ne zaman?
milloin?

isim
nimi

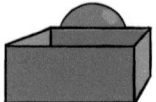

arkasında
....
takana

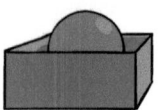

içinde
....
sisällä

önünde
....
edessä

üzerinde
....
yläpuolella

üstünde
....
päällä

altında
....
alapuolella

yanında
....
vieressä

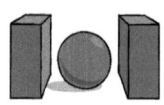

arasında
....
välissä

yer
....
paikka